COMMENT

M. DE LAVALETTE

EST SORTI DE FRANCE

APRÈS SON ÉVASION DE PRISON.

Cette relation, écrite par M⁰. Dupin sous les yeux de ses cliens, renferme jusqu'aux moindres circonstances du voyage de Lavalette.

COMMENT

M. LAVALETTE EST SORTI DE FRANCE,

APRÈS SON ÉVASION DE PRISON.

Lavalette avait été condamné à mort; sa femme n'avait pu obtenir sa grâce ; il allait être exécuté.

Ne prenant conseil que d'elle-même, forte de ses devoirs, exaltée par son amour, enhardie par le danger même, elle sauve son époux.

Le bruit s'en répand aussitôt, mais les recherches sont vaines : confié aux soins de l'amitié la plus discrète, Lavalette a échappé au glaive dont sa tête était menacée.

Les journaux donnent les détails de son évasion. Ils le font voyager, tantôt en Bavière, tantôt en Belgique ; ils citent le costume qu'il portait, les endroits où il a passé, les personnes qu'il a visitées, les anecdotes de sa route.

Chacun s'affermit dans l'idée que Lavalette ne s'est pas seulement évadé de prison, mais encore qu'il a passé en pays étranger. On cesse, pour ainsi dire, de penser à lui ; et c'est avec un vif sentiment d'intérêt que toutes les âmes sensibles reportent leur sollicitude vers cette femme héroïque, qui occupe en prison la place de son époux.

Les gardiens et les domestiques de Lavalette se trouvent également arrêtés :

« Madame Lavalette est *prévenue* d'avoir fait évader » son mari ;

» Les gardiens et les domestiques, prévenus d'avoir » favorisé l'évasion et d'y avoir coopéré. »

On les interroge :

On entend les témoins ; la fille même de Lavalette, à peine âgée de 14 ans, est entendue.

Bref, on instruit leur procès, sur le fait de *l'évasion ;* et ils auraient été jugés pour ce fait, quand même M. de Lavalette n'eût pas quitté Paris, et alors même qu'il eût été ensuite repris.

Mais on était convaincu qu'il n'était plus possible de l'atteindre, et, dans cette persuasion, on faisait déjà les préparatifs de son exécution par effigie.

Insensible à son propre danger, madame de Lavalette prisonnière et même au secret, toujours incertaine sur le sort de son époux, tremblait qu'il ne fût découvert, et ne devait trouver le repos que dans la certitude qu'il était sorti de France.

Elle ignorait que le zèle le plus généreux et le plus désintéressé, entrait avec ardeur dans le désir d'assurer son triomphe et de combler ses vœux.

Les amis de Lavalette avaient placé leur espoir dans un jeune gentilhomme anglais, que sa noblesse, sa fortune, son indépendance et son caractère chevaleresque, leur présentaient comme seul capable de seconder le dessein qu'ils avaient formé d'éloigner Lavalette.

Le 31 décembre, entre 7 et 8 heures du matin, Bruce reçut un billet anonyme, qui portait en substance :

« Monsieur, j'ai tant de confiance en votre loyauté,
» que je veux vous faire part d'un secret que je ne
» puis dire qu'à vous. M. de Lavalette est encore à
» Paris, je mets sa vie entre vos mains ; vous seul
» pouvez le sauver. »

Bruce était encore au lit. Cette lettre le jeta dans le plus grand étonnement ; après y avoir rêvé quelque temps, il dit au porteur du billet : « Je ne puis ré-
» pondre pour le moment ; mais, si la personne qui
» m'écrit veut se trouver à tel endroit..... à telle
» heure..., je lui ferai part de mes réflexions. »

Ces réflexions assiégeaient en foule l'âme de Bruce.

Ne croyez pas cependant qu'il se soit dit : *Saisissons cette occasion de nuire au gouvernement français.* Bruce a beaucoup voyagé ; il connaît les devoirs que le droit politique et le droit naturel imposent aux étrangers ; et certes il aurait rejeté, sans hésiter, toute proposition qui eût ressemblé à une conspiration contre l'État qui exerçait envers lui l'hospitalité.

Mais il se représentait ce que la position de Lava-lette avait d'affreux. Il admirait le noble dévouement de sa généreuse épouse. Lavalette remettait sa vie entre ses mains ; et, en effet, un refus le rendait à la mort ; sa femme elle-même ne pouvait lui survivre...... Bruce n'avait pas la force de refuser : la pitié, l'humanité avaient trop d'empire sur son cœur : son imagination lui montra le déshonneur et la lâcheté à côté d'un re-fus. Que dis-je ? il vit une sorte de gloire à sauver ce malheureux, et à assurer à madame Lavalette ce qu'il appelait *le fruit de sa belle action.*

Mais, en même temps, il ne se dissimula point tout ce que l'exécution d'un tel projet avait de dangereux ; si Lavalette était repris, on pouvait l'imputer à la mauvaise combinaison de son plan ; et au risque de l'entreprise en elle-même se serait jointe la douleur d'un mauvais succès.

Agité par ces sentimens divers, Bruce se rendit le même jour, vers midi, à l'endroit que lui-même avait indiqué. L'intermédiaire s'y trouva. Bruce lui dit : « Je » ferai mon possible pour sauver Lavalette ; mais il ne » faut compromettre qui que ce soit ; je ne veux pas » connaître le nom de la personne qui m'a écrit ; je ne » veux pas même que vous me disiez où est caché » Lavalette ; laissez-moi d'abord aviser aux moyens de » le sauver. »

Bruce avoue qu'il aurait voulu pouvoir seul le sauver. Mais il en reconnut bientôt l'impossibilité.

Il était encore dans cette perplexité, lorsque, le 2 janvier, le général Wilson vint le voir. Il eut aussitôt l'idée de lui communiquer son projet. Mais il réfléchit qu'il s'agissait du secret d'autrui, et il se contenta de lui dire : « Je voudrais bien vous communiquer quel- » que chose ; mais auparavant il me faut l'assentiment » de la personne qui m'en a parlé. »

Wilson lui demanda si c'était une bonne ou une mauvaise nouvelle. « Désagréable, répondit Bruce ; » mais nous en reparlerons demain. »

Dans la soirée, Bruce revit l'intermédiaire et en obtint aisément la permission de s'ouvrir à Wilson.

Celui-ci étant revenu chez Bruce le lendemain matin 3 janvier, Bruce lui raconta ce qu'il savait de Lavalette. « Il se remet, dit-il, entre nos mains : com- » ment faire pour le sauver ? »

Cette confidence excita la surprise de Wilson : « Ah, mon Dieu ! s'écria-t-il, vous aviez bien raison » de me dire que c'était une nouvelle désagréable. » Je le croyais bien hors de France, et il est encore à » Paris... »

Ici Wilson éprouva les mêmes inquiétudes que Bruce; non qu'il eût mauvaise opinion de l'action en elle-même; il n'y voyait que le salut d'un homme; mais il craignait d'échouer, et que l'on n'imputât le défaut de succès à imprudence ou maladresse.

Cependant il n'hésita point à répondre à l'ouverture que venait de lui faire son jeune ami : « Qu'il y songe- » rait mûrement, et qu'ensuite ils en reparleraient. »

Depuis quelque temps, Bruce et Hutchinson s'é- taient aperçus qu'ils étaient pour la police française un objet d'inquiétude et de surveillance, et cette ob- servation, qui les engageait à plus de circonspection, leur fit sentir la nécessité d'intéresser un tiers à leur entreprise.

Wilson proposa à l'un de ses compatriotes (que nous nommerons Ellister, puisque l'interprète n'a pas deviné son véritable nom) d'accompagner Lavalette jusqu'à la frontière. Cet Anglais s'y fût employé volontiers ; mais il était militaire, et ne put obtenir un congé de son régiment.

Le jeudi 4, Wilson parla de cette difficulté à Bruce, et lui dit : « Je vois bien qu'il faudra que j'accomplisse » moi-même la commission ; cela sera plus difficile, » mais je m'en chargerai. »

Ils conviennent donc que Bruce demandera à l'intermédiaire la mesure de la taille de Lavalette, et que Wilson se procurera les passe-ports.

Bruce, s'étant procuré la mesure de Lavalette, la remit à Wilson. Wilson alors se transporta chez le capitaine Hutchinson, le mit au fait, et lui demanda sa coopération. Ses paroles avaient tout le poids que lui donnait sa qualité de général. Il lui parlait d'ailleurs au nom de l'amitié qui depuis long-temps l'unissait à ses oncles..... Wilson ne doute pas que Hutchinson n'eût adhéré à la proposition, par le seul effet de son bon naturel ; mais il relève lui-même toutes ces circonstances, pour montrer que, si le fait est devenu punissable (ce que nous examinerons plus tard), le tort en devrait retomber sur lui plutôt que sur Hutchinson.

Quoi qu'il en soit, Hutchinson consent à aider Wilson et Bruce dans leur projet. Il se charge de la mesure de Lavalette, et pour ne compromettre aucun tailleur français, il la remet à un tailleur allemand, auquel il commande un uniforme de *quartier-maître du régiment des gardes.*

Ce bon Allemand, voyant la mesure, dit de suite :

Cette mesure n'a pas été prise par un tailleur.
A cette remarque, Hutchinson ne put s'empêcher de
sourire ; mais, faisant bientôt après réflexion aux suites
qu'elle pourrait avoir, il prit soin de détourner les soupçons de l'ouvrier, en lui disant : « Quand les habits
» seront faits, vous les emballerez, parce que le quar-
» tier-maître, n'ayant pas pu les attendre, est déjà parti,
» et je lui expédierai la caisse. »

D'un autre coté, Wilson s'était procuré des passe-
ports. Sans entrer à ce sujet dans aucun détail, on se
borne à dire que ces passe-ports n'ont point été surpris
aux autorités françaises ; qu'ils ont été délivrés par une
chancellerie étrangère ; et que, s'ils l'ont été sous des
noms autres que celui de Wilson, cela ne pouvait pas
paraître étonnant, puisque rien n'est plus fréquent de la
part des Anglais que de voyager sous des noms sup-
posés.

La seule chose intéressante à relever, au sujet de ces
noms, qui étaient ceux du général Walys et du colonel
Laussac, c'est que les initiales de ces deux noms étaient
précisément une L... et un W..., afin que, si, par évé-
nement, les malles étaient visitées, la marque du linge
ne contredît pas l'énonciation des passe-ports.

Le vendredi, le samedi et le dimanche (5 , 6 et 7
janvier) furent employés à faire les préparatifs du départ.

Hutchinson et Ellister allaient à la découverte, tantôt sur une route, tantôt sur une autre, et le résultat de
leurs reconnaissances fut qu'il fallait préférer la barrière
de Clichy.

Mais comment passer cette barrière sans être remarqué?

On ne pouvait songer à partir en poste; car, d'après un ordre établi depuis l'évasion de Lavalette, un gendarme assistait au départ de chaque voyageur, vérifiait les passe-ports, épiait les signalemens, suivait même la voiture jusqu'à une certaine distance.

Sortir à cheval paraissait le plus simple; mais, autre inconvénient, les Anglais ont une allure particulière que Lavalette n'eût jamais attrapée.

On partira donc en voiture, non pas dans un carrosse hermétiquement fermé, non pas même dans un cabriolet couvert, mais dans un boguey, genre de voiture, qui, ayant le moins l'air du mystère, devra aussi exciter le moins de soupçon.

Lavalette s'y placera avec Wilson.

Hutchinson et un domestique suivront à cheval, afin, en cas d'alerte, que Lavalette et Wilson puissent se jeter en bas du boguey, prendre leurs chevaux d'escorte, et fuir à toute bride.

Dans le même temps, Ellister, muni du passe-port délivré sous le nom du colonel Laussac, montera dans la berline de Wilson, et sortira par une autre barrière pour aller les rejoindre à Compiègne.

Là on changera de voitures. Ellister et Hutchinson ramèneront le boguey à Paris, et les deux autres poursuivront leur voyage dans la berline. On avait choisi Compiègne pour y faire l'échange des voitures, 1°. parce que cette ville était à une assez grande distance de Paris pour que cet échange ne fût pas remarqué; 2°. parce que Bruce, ayant appris que la brigade de son cousin le général *Brichault* (1) était à Compiègne, et que son aide-de-camp quitterait Paris le 7 janvier pour se rendre en cette ville, avec les chevaux et les bagages du général qui était alors en Angleterre; Bruce, disons-nous, avait prié cet aide-de-camp de recevoir Wilson à son passage, ce que cet officier avait promis avec beaucoup d'obligeance, et sans en demander davantage.

Le samedi soir, Bruce dit à l'intermédiaire que tout était préparé pour que le départ eût lieu le surlendemain matin.

Ils conviennent ensemble de régler leurs montres sur l'horloge des Tuileries, le dimanche à trois heures sonnantes;

Et que le même soir, à neuf heures et demie précises, Lavalette se rendra chez Hutchinson, rue du Helder, n°. 3.

On prit pour point de départ le logement de Hutchinson, parce que le domicile de Wilson et celui de Bruce étaient surveillés de près par les rôdeurs de la police, et aussi parce que la rue du Helder était plus proche de la barrière de Clichy, et que d'ailleurs Hutchinson avait l'habitude de se lever matin, tantôt pour aller à la chasse, tantôt pour aller à la parade.

Vous remarquerez que Wilson, Bruce et Hutchinson ignoraient complètement où était caché Lavalette.

Le dimanche, Bruce va aux Tuileries pour y prendre l'heure.

---

(1) Nom mal lu par l'interprète.

A neuf heures et demie juste, un cabriolet, dans lequel était Lavalette avec un de ses amis, arrive rue du Helder, n°. 3.

On frappe, et Bruce, qui sortait à la même minute, se présente à lui, et lui donne un léger coup sur l'épaule, en disant : « *Goddem!* (1) pourquoi venez-vous si tard? » il y a long-temps que nous vous attendons; nous avons » déjà bu notre premier bol de punch. »

Et, en même temps, il le prend par dessous le bras, et le conduit dans l'appartement de Hutchinson.

Lavalette avait une lévite bleue à brandebourgs, un pantalon de même couleur, bottes par-dessus avec éperons, une perruque courte, et un chapeau rond.

Il n'y avait chez Hutchinson que Bruce, Wilson et Ellister, avec les domestiques de Hutchinson.

Lavalette, comme on peut le croire, était très-agité, et fort ému de reconnaissance pour ces étrangers qui s'intéressaient si libéralement à son sort.

...... Deux minutes s'étaient à peine écoulées, qu'on sonne; un homme entre dans la première pièce et demande le colonel Laussac (c'était le nom sous lequel Lavalette devait voyager.)

Le domestique de Hutchinson avertit son maître.

Celui-ci sort : l'inconnu répète qu'il demande le colonel Laussac.

---

(1) On sait bien que cette expression n'est pas du bon usage en Angleterre ; mais Bruce dut la proférer, pour mieux tromper les personnes qui étaient dans la loge du portier, et j'ai dû la rapporter pour conserver au récit toute son exactitude.

Priez le colonel de venir, dit Hutchinson à son domestique.

Ce dernier qui, sans être dans le secret, avait entendu
donner à Ellister le nom de Laussac (1), va lui dire
qu'on le demande.

Ellister se présente, et dit à l'homme qui le deman-
dait : *Je ne vous connais pas.*

Cet homme parut surpris, parce qu'il croyait que Lavalette se présenterait au nom de Laussac.

Cependant Hutchinson, qui ne savait que penser de
cette visite, pressait un peu l'inconnu du côté de la fe-
nêtre, lorsqu'il aperçut sous sa redingote entr'ouverte
un pistolet à deux coups dont il se saisit brusquement.

Au lieu de se plaindre de cette violence, l'inconnu
se contenta de dire : « Je vois bien que vous êtes de
» nos amis ; vous êtes un homme généreux : » et il se
retira.

Cet épisode n'était rien moins que rassurant. Hutchinson se hâta de rentrer dans la pièce où était Lavalette, et ils allaient tous se communiquer leurs alarmes,
lorsque Lavalette, reconnaissant le pistolet que Hutchinson tenait à la main, pour être un des siens, les ras-
sura, en leur disant qu'il l'avait laissé dans le cabriolet
de son ami, qui, s'apercevant de son oubli, s'était em-
pressé de le lui rapporter.

––

(1) Il avait été convenu qu'Ellister prendrait le nom de
colonel Laussac, et qu'il le garderait jusqu'à Compiègne, où
il céderait ce même nom à Lavalette, avec le passe-port à
l'appui.

(Ce pistolet est resté dans les mains de Hutchinson, et a donné lieu à quelques questions dans ses interrogatoires.)

Tranquillisés sur les suites de cet incident, Lavalette revêt les habits qu'on lui avait préparés.

Cela fait, Ellister se retire.

Wilson se retire aussi, et va en société jusqu'à minuit, afin de ne donner aucun soupçon à ceux qui auraient été tentés de l'espionner.

Quant à Bruce, il est resté chez Hutchinson jusqu'à minuit. A cette heure, il a embrassé affectueusement Lavalette et l'a quitté, en lui souhaitant un heureux voyage.

Le besoin de repos se faisant impérieusement sentir, Lavalette s'est jeté sur le lit de Hutchinson, sans se déshabiller.

Hutchinson en a fait autant.

A peine étaient-ils étendus, qu'ils entendent frapper à la porte avec violence....

Lavalette se lève en sursaut, et s'écrie : *Nous sommes perdus!*

Mais ils ne tardent pas à être rassurés. Hutchinson vérifie que ce bruit était occasioné par un officier ivre qui s'était trompé de porte.

Enfin cette terrible nuit s'achève : l'heure du départ va sonner.

A sept heures du matin, le domestique de Wilson va chercher le boguey de Bruce, et revient trouver son maître, rue de la Paix, n°. 21.

Wilson monte dans le boguey; son domestique à cheval le suit.

Ils vont ainsi rue du Helder, n°. 3. Wilson monte à l'appartement de Hutchinson, et dit à Lavalette : *Allons, tout est prêt.*

Lavalette se place dans le boguey, à la gauche de Wilson.

Hutchinson monte à cheval, et part avec eux.

Le domestique de Wilson marche après.

Hutchinson se tenait à la hauteur des roues, allant tantôt d'un côté, tantôt de l'autre, et leur parlant anglais.

Lavalette en savait à peine quelques mots, et feignait cependant de l'entendre. Du reste, comme il parlait assez bien allemand, il était convenu qu'au besoin, il se déclarerait *officier allemand attaché à l'état-major anglais.*

Wilson avait son uniforme de général anglais, avec une capote bleue et un chapeau rond.

Lavalette avait également son uniforme de quartier-maître sous sa redingote grise, et portait un shakos anglais, recouvert d'une toile cirée. Il tenait sur ses genoux le chapeau d'uniforme de Wilson, dont le plumet blanc servait merveilleusement à fixer l'attention des passans.

Ils passèrent la barrière à un pas modéré; les gendarmes les regardèrent fixement; mais le mouvement de la présentation des armes facilita à Lavalette le moyen de couvrir son profil en rendant le salut.

C'est ainsi que le lundi, 8 janvier, à huit heures du

matin, en plein jour, Lavalette, fraîchement rasé, le visage découvert, et n'ayant pas même de passe-port sur lui, sortit de Paris sans inspirer le plus léger soupçon, sans éprouver le moindre obstacle.

Sur le point d'arriver à la Chapelle, Hutchinson se détacha en avant et fut à la découverte.

Il trouva quatre gendarmes à cheval vis-à-vis l'auberge où l'on avait disposé le premier relais.

Un de ces gendarmes s'approcha de lui, et lui demanda s'il y avait un mouvement de troupes sur la route. « Non, lui répondit Hutchinson, ce ne sera pas pour » aujourd'hui; mais il y en aura sous peu de jours : » le général ne tarde que le moment d'arriver pour » choisir les cantonnemens de sa division. »

Sur ces entrefaites, le boguey arrive; Hutchinson fait signe à Wilson, qui le conduisait, d'entrer de suite dans la cour.

En un clin d'œil, ils changent de cheveaux et repartent.

Ils débouchaient sur la route, quand ils aperçurent encore au loin une voiture escortée par de nouveaux gendarmes.

Mais Hutchinson les accosta, et leur fit tant de questions, qu'ils étaient entièrement occupés à lui répondre quand le boguey passa légèrement à côté d'eux.

Comme ils approchaient de Compiègne, Hutchinson et le domestique de Wilson doublèrent le pas pour aller reconnaître le logement. A l'entrée de la ville, ils trouvèrent un sergent chargé de les conduire au quartier où était logé l'aide-de-camp chez lequel ils devaient mettre pied à terre.

Charmé de cette rencontre, Hutchinson attendit alors le boguey dont la marche avait été retardée un instant, parce que Wilson, s'étant aperçu que les cheveux gris de Lavalette passaient par-dessous sa perruque, s'était arrêté pour les lui couper.

Ils firent ensuite tous ensemble leur entrée à Compiègne, pluie battante, et traversèrent toute la ville pour se rendre au logement qui leur était préparé.

M. *Franel* (l'aide-de-camp) les reçut avec une extrême courtoisie, et leur offrit une collation qu'ils acceptèrent en attendant Ellister.

Ce dernier était venu le dimanche soir loger rue et hôtel du Helder, sous le nom du colonel Laussac.

Wilson avait fait conduire et remiser sa voiture dans cet hôtel.

Ellister avait été lui-même, avec son passe-port du colonel Laussac, demander à la Préfecture de police des chevaux de poste. Pendant qu'on expédiait l'ordre sous ses yeux, il avait vu sur le bureau un grand nombre de feuilles imprimées portant le signalement de Lavalette ; on les distribuait à tout venant ; et il n'avait pu se dispenser d'en accepter un exemplaire.

On lui avait remis un ordre pour *trois chevaux sur une berline devant contenir lui et son domestique.* Il emmenait ce domestique avec lui dans la berline même, afin que, cédant la place à Lavalette et à Wilson, le nombre des voyageurs ne parût pas augmenté.

Ces dispositions ainsi faites, Ellister, qui, comme

nous l'avons dit, avait passé une partie de la soirée du dimanche chez Hutchinson, était prêt à partir le lendemain matin lundi, à dix heures.

Un gendarme qui était présent, lui avait demandé son passe-port pour le viser, et ne le lui avait rendu qu'après avoir exactement collationné sa figure avec toutes les énonciations du signalement.

Après cette vérification, Ellister était monté dans la berline, en indiquant au postillon *la route de Compiègne par la barrière Saint-Denis.*

Cependant le gendarme n'avait pas lâché prise; il avait suivi la voiture jusqu'au Bourget; au Bourget, il avait été remplacé par un homme de police, en capote, armé d'un sabre et coiffé d'un claque; mais cet agent n'avait pas tardé à l'abandonner.

A Louvres, Ellister était descendu de voiture; un gendarme lui avait demandé son passe-port; et, après l'avoir regardé, avait dit à ses camarades : « Quand le » diable y serait, ce n'est pas là un officier anglais. » Bien certain du contraire, Ellister avait relevé le propos avec assurance, et lui avait répondu d'un ton ferme : « Vous vous trompez. » L'observation n'avait pas été plus loin.

Ellister arriva, sans autre accident, à Compiègne à cinq heures précises, et se fit conduire au quartier où il savait que Lavalette et Wilson l'attendaient.

Aussitôt le relais fut commandé.

L'aide-de-camp voulait les retenir à dîner; mais Wilson pressa le départ.

Ellister, sous le nom du colonel Laussac, fait demander trois chevaux (1) et un courrier en avant.

Il était nuit, et son obscurité devait protéger les voyageurs : mais, convaincu que, pour donner moins de soupçon, il fallait, autant que possible, aller à découvert, Wilson fit allumer les trois lanternes de sa voiture.

Tout est prêt : un courrier français part en avant pour commander les relais.

Le domestique de Wilson monte sur le siége de la berline.

Lavalette y entre muni du passe-port du colonel Laussac, qu'Ellister lui avait remis.

Wilson s'y place à ses côtés : il avait une paire de pistolets.

Lavalette n'en avait qu'un : l'autre était resté chez Hutchinson.

Ils n'avaient de sabre ni l'un ni l'autre ; et, quoique décidés à se défendre en cas d'attaque, la vérité est cependant qu'ils comptaient beaucoup plus, au besoin, sur leur présence d'esprit, que sur une résistance à force ouverte.

Hutchinson et Ellister leur souhaitent un bon voyage ; et le postillon fait *route*, en faisant claquer son fouet.

---

(1) Quatre chevaux auraient montré trop d'impatience et un trop grand besoin de célérité ; avec trois chevaux seulement, on évitait le second postillon qu'il aurait fallu prendre. C'était un Argus de moins.

Le domestique de Wilson ne parlait pas français : c'était Wilson lui-même qui payait à chaque poste. A toute interpellation, il avait grand soin de répondre : *général anglais,* et son langage, la forme de sa voiture, la physionomie de son domestique, tout confirmait dans l'idée que les voyageurs étaient effectivement *anglais.*

Il était déjà quatre heures du matin : ils n'étaient plus qu'à deux lieues de Cambray : mais le maître de poste les prévint qu'ils ne pourraient pas traverser cette place de nuit, parce que les portes étaient fermées, et que le préposé aux avant-postes ne voudrait pas se donner la peine d'aller avertir le gardien.

On conçoit tout ce qu'un tel retard avait d'inquiétant : peut-être était-on à leur poursuite, et, dans ce cas, il n'était pas impossible de les atteindre.

Il fallut bien pourtant se résoudre à attendre.

Pour passer le temps et éloigner les soupçons, Wilson descendit de voiture, pendant que son compagnon de voyage feignait de dormir. Il alla dans l'écurie, parla aux postillons, et gagna ainsi l'heure du départ.

A six heures, ils se remettent en route, et se présentent aux portes de Cambrai une demi-heure avant le point du jour.

Le postillon fait entendre son fouet pour avertir : personne ne répond. La sentinelle anglaise appelle cependant le préposé; mais celui-ci ne veut pas se déranger; il faut encore demeurer. Enfin le jour paraît; le porte-clefs vient et s'excuse, en rejetant la faute sur la paresse du préposé. La berline passe : quatre ou cinq voitures, retardées pour la même cause, passent en même temps. Arrivés à l'auberge, l'hôte, qui voit un général anglais, lui adresse ses plaintes de ce que le préposé, par son indolence, est cause que les voyageurs couchent hors de la ville, au lieu de descendre chez lui. Wilson lui répond qu'il n'a pas présentement le loisir d'aller en parler au commandant de place ; mais qu'il le fera à son retour.

Le relais étant mis, la berline repart. A neuf heures et demie, elle arrive à Valenciennes. A la porte de la ville, un agent français se présente, et prononce la formule d'usage : *Ces messieurs ont leurs passe-ports sans doute ?* — A cette question, Wilson met la tête à la portière, et répond : *Je suis général anglais.* On en croit son costume et surtout son accent ; la voiture entre dans la ville.

Arrivés à la poste, un petit garçon demande de nouveau les passe-ports. Wilson, qui, comme on le pense bien, se chargeait de toutes les conversations, répond encore : *Je suis général anglais.* Mais le petit bonhomme insiste, en disant qu'il est nécessaire de les lui donner pour qu'il aille les faire viser par le colonel de gendarmerie. On lui donne donc les passe-ports, en lui recommandant de se dépêcher. Il se presse en effet, et revient promptement avec les passe-ports visés.

Ce n'est pas tout. Il prie le général de mettre son nom et celui de son compagnon de voyage sur un bout de papier, disant que c'est pour l'auberge. Wilson écrit alors les deux noms Walys et Laussac sur un chétif morceau de papier qu'on lui a depuis représenté dans ses interrogatoires.

A dix heures, la voiture se remet en marche. En sortant de Valenciennes, nouvelle visite de passe-ports; on les garde long-temps et on en prend le relevé. Wilson s'impatiente et presse le départ, non sans proférer plusieurs fois le mot par lequel les Anglais ont coutume de signaler leur impatience. Enfin, il est permis de passer outre.

Wilson demande alors où est la frontière; le postillon répond : *A une lieue et demie d'ici.*

Cette distance allait être bientôt franchie; encore quelques instans et toutes les craintes étaient dissipées. Mais sur la ligne même de la frontière, ils trouvent un dernier poste de gendarmerie qui demande de nouveau les passe-ports : heureusement que, pour cette fois, Wilson en est quitte pour dire, comme à son ordinaire : *Général anglais.*

Sur le point d'arriver, la terreur de Wilson était devenue extrême; il tremblait pour Lavalette, et chaque minute de retard le faisait mourir d'impatience.

Il avait espéré de passer la frontière avant le jour, de peur des télégraphes; et il y avait deux heures qu'ils auraient pu marcher si le temps n'avait été couvert de brouillards.

Mais enfin la voilà passée cette ligne redoutable.

Le premier mot de Wilson à Lavalette fut : *Vous voilà sauvé!*

Lavalette, qui avait conservé toute sa tranquillité, l'embrasse affectueusement; et, versant des larmes d'attendrissement, il dit, avec une grande effusion de cœur : « Je rends spécialement grâces à Dieu, de ce » qu'il a permis que les généreux efforts de ma femme » soient couronnés de succès. Elle serait morte de dou- » leur si nous n'avions pas réussi. Je suis bien malheu- » reux, ajouta-t-il, de voir tant de braves gens com- » promis pour moi. Je sais que mes gardiens ont été » arrêtés : mais je déclare devant Dieu et à vous, mon » généreux ami, que ces hommes n'ont pas été cor- » rompus et n'étaient pas dans le secret. L'affaire eût » manqué, si on leur eût laissé le moindre soupçon. » Je n'ai d'obligation qu'à ma femme. »

Dans toute la route la conversation entre Lavalette et Wilson avait été fort peu suivie. Toutes les facultés de leur âme étaient absorbées par leurs appréhensions et par les divers incidens du voyage. Si par fois Wil- son rompait le silence pour arracher Lavalette à sa rê- verie, il lui parlait de choses qui pussent le distraire de sa situation.

C'est ainsi qu'ils s'entretinrent de l'expédition d'Égypte, où Lavalette avait commencé de servir Bonaparte, et où Wilson avait commencé de se signa- ler contre lui.

Mais, quand il eurent passé la frontière, ils ne crai- gnirent plus de discourir sur l'affaire même de La- valette.

Celui-ci raconta à Wilson comment sa femme était venue à bout de le sauver ; comment son travestisse- ment eut lieu en un clin d'œil, dans un moment où le geôlier venait de sortir de sa chambre pour faire une commission; la peur qu'il avait d'accrocher les plumes de son chapeau en passant les guichets; le risque qu'il avait couru d'être repris par la faute des porteurs qui s'étaient absentés; comment, ayant trouvé sur le quai le cabriolet d'un de ses amis, cet ami était descendu, et lui avait adressé la parole, en disant : « Madame, je vous offre mon cabriolet, vous irez plus vite; » comment, après y être monté, cet ami lui avait dit : « Otez votre douillette et votre chapeau de femme; mettez cette redingote, prenez cette perruque, etc., etc.; » comment enfin, après avoir couru dans Paris plus de deux heures pour faire perdre sa trace aux limiers de la police, il avait été se blottir dans la maison qui lui avait servi d'asile jusqu'à la veille de son départ.

Après ce récit, il ne craignit pas d'apprendre lui-même de Wilson, s'il était vrai qu'on dût réellement le faire mourir, etc., etc.

Et il s'épuisa de nouveau en protestations de reconnaissance pour ses généreux amis. Quel autre nom aurait-il pu leur donner ?

Ces entretiens les conduisirent jusqu'à Mons.

On ne leur demanda pas de passe-ports; ils y restèrent ensemble quatre à cinq heures.

Avant de se séparer, Wilson, dont la sollicitude était inépuisable, prévoyant le cas où Lavalette serait arrêté dans sa route, lui donna pour S. M. le roi de Prusse, dont il avait l'honneur d'être personnellement connu, une lettre dans laquelle il intéressait ce monarque en faveur de Lavalette. Cette lettre portait sur l'enveloppe le contre-seing du général Wilson; de sorte que, si Lavalette eût été arrêté, il eût demandé à être conduit au roi pour lui remettre sa dépêche. Wilson lui remit une autre lettre dans le même sens pour le ministre anglais, à la résidence de. . . .

Lavalette embrassa encore Wilson, et se sépara de lui, en lui jurant une reconnaissance éternelle.

Wilson est revenu par Maubeuge et Laon, et est rentré à Paris, par la barrière Saint-Martin, *le mercredi soir* (10 janvier), après 60 heures d'absence.

FIN.

De l'Imprimerie de FAIN, rue de Racine, n°. 4.